AF261635

LA DÉMOCRATIE

ET

SON AVENIR SOCIAL ET RELIGIEUX

Par Mgr GUILBERT,

Archevêque de Bordeaux.

Et dixit eis Jesus : Quid timidi estis,
modicæ fidei?

« Et Jésus leur dit : Pourquoi crai-
« gnez-vous, hommes de peu de foi? »

(MATH., VIII. 26.)

DEUXIÈME ÉDITION

<table>
<tr><td>PARIS</td><td>BORDEAUX</td></tr>
<tr><td>E. PLON et Cie, LIB.-ÉDITEURS</td><td>FERET et FILS, LIB.-ÉDITEURS</td></tr>
<tr><td>rue Garancière, 10.</td><td>15, cours de l'Intendance.</td></tr>
</table>

1886

LA DÉMOCRATIE

ET

SON AVENIR SOCIAL ET RELIGIEUX

LA DÉMOCRATIE

ET

SON AVENIR SOCIAL ET RELIGIEUX

Par Mgr GUILBERT,

Archevêque de Bordeaux.

*Et dicit eis Jesus : Quid timidi estis,
modicæ fidei?*

« Et Jésus leur dit : Pourquoi crai-
« gnez-vous, hommes de peu de foi? »
(MATH., VIII, 26.)

DEUXIÈME ÉDITION

<table>
<tr><td>PARIS
E. PLON ET Cie, LIB.-ÉDITEURS
rue Garancière, 10.</td><td>BORDEAUX
FERET ET FILS, LIB.-ÉDITEURS
15, cours de l'Intendance.</td></tr>
</table>

1886

LA DÉMOCRATIE

ET

SON AVENIR SOCIAL ET RELIGIEUX

Si chaque siècle passé de l'histoire a toujours eu ses épreuves et ses angoisses, le nôtre a bien aussi les siennes. L'époque que nous traversons est indubitablement une époque de crise et de profonde transformation sociale; le pressentiment en est universel, et il suffit d'avoir des yeux pour voir et des oreilles pour entendre.

Un mouvement démocratique emporte le monde moderne avec une force irrésistible que rien n'arrêtera. Ce n'est pas seulement chez nous, en France, que la terre frémit sous nos pas, c'est aussi dans notre vieille Europe, comme en Amérique et jusque dans l'Extrême-Orient. Partout on entend le bruit sourd qui précède les tremblements du sol et qui annonce des bouleversements et des ruines.

Notre démocratie, en effet, semblable à un torrent qui déborde, roule dans ses flots toutes sortes d'éléments divers, la vérité et l'erreur, le bien et le mal.

les plus nobles aspirations et les plus vils appétits, le possible et l'impossible. Nouveau chaos où règne dans les idées la plus complète anarchie, comme elle régna dans les faits il y a quinze siècles quand le vieux monde romain vermoulu s'écroula sous les coups des Barbares.

Heureusement qu'alors, dans cet effroyable travail de décomposition, l'élément religieux fut assez fort pour conjurer le péril et sauver la société humaine avec la civilisation. Il l'est encore aujourd'hui. L'Église n'a rien perdu de son immortelle énergie et elle sera là toujours pour sauver le monde de la crise présente et des crises de l'avenir.

I

La démocratie est, selon l'étymologïe du mot, le gouvernement du peuple par le peuple lui-même, par ses représentants ou ses mandataires.

Évidemment la démocratie n'a jamais réellement existé avant l'ère chrétienne, puisque partout alors régnait la servitude et que plus des deux tiers de la population, dans les républiques mêmes de la Grèce et de Rome, étaient réduits à l'esclavage.

Personne n'ignore cet affreux état de l'immense portion du genre humain devenue la propriété, la chose d'un maître qui en disposait à son gré. Ce mal séculaire paraissait sans remède, et les plus graves philosophes de ce temps-là le regardaient comme inguérissable, comme une fatalité sociale inhérente à notre nature, lorsqu'une parole, tombée d'une bouche divine, s'adressant à la fois aux maîtres et aux esclaves, leur dit : « Vous tous, vous êtes frères, *omnes vos fratres estis* ([1]). » Or, cette parole, inouïe jusque-là, retentit dans les dernières profondeurs de l'humanité et fut le principe d'une révolution sociale, la plus féconde qui se soit jamais vue.

Sans doute, l'Église naissante, dépositaire du mystérieux oracle, se garda bien, dans l'accomplissement de son œuvre, d'employer la force et la violence qui aurait tout compromis. C'est par la douceur et par la persuasion qu'elle agit sur les maîtres et sur les esclaves, en prêchant à ceux-ci l'obéissance, la patience et la résignation, et à ceux-là la mansuétude et tous les devoirs de la charité fraternelle. Il faut entendre l'apôtre saint Paul, dans son immortelle épître à Philémon, en lui renvoyant son esclave fugitif ([2]). Il faut entendre le même apôtre parler à toute la société chrétienne, dans son épître aux Galates : « Vous qui avez été baptisés en Jésus-Christ, vous vous êtes tous revêtus de Jésus-Christ. Il n'y a plus ni juif ni gentil, plus d'esclave ni d'homme libre, plus d'homme ni de

(1) Math., XXIII, 8. — (2) Philém.

femme. Mais vous n'êtes tous qu'un en Jésus-Christ (¹). »

Une telle doctrine, si étrange alors par sa nouveauté, dut vivement impressionner et produire d'heureux et importants résultats, comme du reste en témoigne toute l'histoire des premiers siècles de l'Église chrétienne. La situation des esclaves s'améliora sensiblement. et leur affranchissement, tant recommandé et compté parmi les grandes œuvres de la charité évangélique, devint de plus en plus fréquent. L'esclavage antique finit par perdre son caractère le plus révoltant et se convertit en servage.

Ce fut certes un pas heureux dans le progrès; mais il restait un long chemin à faire. L'homme ne se vendait plus sur la place publique comme un vil bétail, seulement il demeurait attaché au sol, à la terre et se vendait avec elle aussi bien que les arbres qui s'y trouvaient plantés.

Nous n'avons point, à coup sûr, à regretter le régime féodal, qui a eu cependant sa raison d'être; car tout esprit sérieux qui a étudié l'histoire de cette époque comprend qu'après les invasions successives des Barbares, dans ce mélange de tant de peuples, vaincus et vainqueurs, il devenait difficile

(¹) Gal., III, 27, 28.

et même impossible d'établir un autre régime. Incontestablement aussi la féodalité eut ses gloires, et il ne faut pas s'imaginer que tout y fût au pire. Les seigneurs féodaux, comme les anciens maîtres d'esclaves, ne furent pas tous des tyrans; on compte parmi eux des saints en grand nombre, des chrétiens pénétrés du sentiment de leurs devoirs envers leurs serfs, en qui la religion leur montrait des frères et qu'ils étaient intéressés à traiter comme tels, avec bonté et avec un pieux ménagement.

Cependant, sous l'influence de l'Église et de ses divins enseignements, la dignité humaine se relevait dans les âmes et la conscience s'en était de plus en plus développée et affermie dès avant le xiie siècle où se manifestèrent les premiers élans vers le progrès social et la liberté.

Alors commença ce long et rude travail de l'affranchissement des communes. Il y eut sans doute bien des obstacles à vaincre, bien des résistances, comme toujours, lorsqu'il est question de déraciner des abus séculaires que tiennent à maintenir ceux qui en profitent. Mais tant d'efforts généreux et persévérants ne furent pas sans succès.

Ils furent même plus d'une fois secondés par la royauté, quand elle y trouvait ses intérêts pour abaisser et anéantir un pouvoir qui lui faisait ombrage et l'entravait dans ses ambitions.

Beaucoup aussi de chefs féodaux laïques, et sur–

tout ecclésiastiques, loin de contrarier ces nobles aspirations démocratiques, les favorisèrent. Et nous aimons à nous rappeler un de nos plus illustres prédécesseurs sur le siège d'Amiens, l'évêque saint Geoffroy, qui fut un des premiers à renoncer à tous ses privilèges et donna, sans exiger aucune indemnité, l'affranchissement à la commune d'Amiens. Ajoutons qu'il eut la gloire d'en souffrir beaucoup de la part des conservateurs de ce temps-là, qui le traitaient de révolutionnaire anarchiste, et ses discours de catilinaires; ce qui n'a pas empêché l'Église de le placer sur ses autels.

Semblable au flot montant de l'océan qui marche et recule et qui avance toujours, le mouvement démocratique s'est toujours continué heureusement malgré les résistances, dans une lutte incessante, jusqu'au grand cataclysme du siècle dernier où s'est abîmé tout un monde.

Certes, si la Révolution française a rendu à la démocratie d'incontestables services, elle n'en mérite pas moins d'être sévèrement jugée. Le progrès social n'a rien gagné à ses orgies sanglantes. Tant de cruautés gratuites, tant de sang inutilement versé ont entraîné de terribles responsabilités. Il y eut là de grands coupables dont on essaiera vainement de réhabiliter les noms à jamais flétris.

Toutefois, il en faut bien convenir, la démocratie est aujourd'hui un fait notoire et palpable. Que si l'on compare notre époque aux époques précédentes depuis l'ère chrétienne, quels progrès accomplis! quels changements prodigieux dans le sort de l'humanité, chez toutes les nations de notre vieille Europe et chez nous en particulier!

A la place d'exorbitants privilèges, d'inégalités choquantes, c'est l'égalité pour tous devant la loi comme devant Dieu; la porte de toutes les carrières ouverte à tous sans distinction de naissance; c'est une plus équitable répartition des faveurs et des charges de l'État; c'est la justice impartiale plus indépendante et mieux rendue.

A la place de l'absolutisme et de son bon plaisir, nous avons la liberté, le respect et l'inviolabilité pour nos personnes et pour nos droits. La nation, maîtresse d'elle-même, n'est plus étrangère à la gestion de ses affaires; elle tient à s'en occuper et s'en occupe, se rend compte des sacrifices qui lui sont imposés.

Il est impossible encore, en comparant le présent au passé, de n'être point frappé de l'amélioration du bien-être, sous tous les rapports, dont jouissent les masses et qui est dû évidemment à tous nos autres progrès sociaux.

Or cet esprit démocratique, ces aspirations de liberté, d'égalité, de fraternité, ont pénétré partout et se manifestent de plus en plus chez tous les peuples civilisés de l'ancien comme du nouveau continent. Il nous paraît certain qu'à une date peu éloignée, au train où vont les choses, il n'y aura plus de place nulle part pour le despotisme. Est-il aujourd'hui un homme d'État, si partisan qu'il soit des anciens régimes, qui puisse croire à un retour durable du pouvoir absolu? d'un règne de Louis XIV?

Nous voyons, en effet, autour de nous, chez tous nos voisins, en Angleterre, en Espagne, en Allemagne, en Belgique, en Autriche, l'élément démocratique gagner chaque jour du terrain. Les gouvernements n'y sont-ils pas constitutionnels ou représentatifs, avec le suffrage universel ou qui tend à le devenir par d'incessantes réformes électorales? C'est donc plus ou moins le gouvernement du peuple par le peuple, quelle qu'en soit la forme officielle, républicaine ou monarchique.

Nulle force humaine ne saurait arrêter ce courant que nous croyons providentiel. Car avec les moyens de propagande qui sont au service de la démocratie, nos modernes découvertes scientifiques, nos industries, notre commerce, qui mettent en contact les intelligences et les peuples, les idées marchent vite et n'ont jamais plus vite marché. Et comment les arrêter? Elles sont jetées à tous les vents du ciel par la presse et le journalisme; elles courent sur nos fils électriques, sont emportées par la vapeur sur nos chemins de fer et sur nos navires ; elles éclatent avec les bombes sur tous nos champs de bataille ! Oui, nous en avons l'intime conviction, d'ici un nombre d'années que nous ne pouvons calculer, mais qui ne saurait être considérable, la démocratie avec notre civilisation chrétienne aura fait le tour du monde, pour vivifier les peuples vieillis ou barbares et les relever de leurs abaissements et de leurs servitudes.

Mais qu'on le sache bien, la vraie et légitime démocratie ne saurait vivre et prospérer chez un peuple qu'à une condition essentielle, à la condition d'y trouver assez de vertu pour porter le poids de ce régime et en remplir les austères devoirs. Autrement elle est exposée à mille périls ; elle a surtout à craindre de ses propres excès, qui ne manquent jamais de l'entraver dans sa marche, qui peuvent l'arrêter, la refouler en arrière et la livrer fatalement, pour un temps, aux mains de la dictature. L'histoire en fournit plus d'un exemple. Or, nous le disons bien haut, l'Église catholique est seule capable de sauver de ces dangers notre démocratie moderne.

II

La sagesse antique n'a cessé de répéter que « l'on bâtirait plutôt une ville dans le vide des airs qu'une société sans Dieu. » En fait, jamais il ne s'est vu sous le soleil un peuple digne de ce nom, un peuple civilisé sans temple ni autel, sans religion !

Il est vrai, nous rencontrons dans le passé bien des religions misérables, plus ou moins dépravées, mais à la surface de ces erreurs et de ces corruptions ont toujours surnagé quelques épaves de la révélation primitive, quelques vérités de religion naturelle, certains principes de morale essentiels qui ont pu suffire pour entretenir au cœur de ces nationalités le mouvement de la vie sociale; et quand ce reste de force leur a manqué, elles sont infailliblement tombées dans la décadence et dans une mortelle dissolution.

Nous avons, nous, la seule et vraie religion, l'Église catholique divinement fondée sur d'invincibles bases. Or, cette « œuvre immortelle du Dieu de miséricorde, nous dit si éloquemment Léon XIII dans son incomparable encyclique sur la Constitution chrétienne des États, l'Église, bien qu'en soi et de sa nature elle ait pour but le salut des âmes et la félicité éternelle, est cependant, dans la sphère même des choses humaines, la source de tant et de tels avantages, qu'elle n'en pourrait procurer de plus nombreux et de plus grands, alors même qu'elle eût été fondée surtout et directement en vue d'assurer la félicité de cette vie. Partout, en effet, où l'Église a pénétré, elle a immédiatement changé la face des choses et imprégné les mœurs publiques non seulement de vertus inconnues jusqu'alors, mais encore d'une civilisation toute nouvelle. Tous les peuples qui l'ont accueillie se sont distingués par la douceur, l'équité et la gloire de leurs entreprises [1]. »

Mais si tout État, pour subsister et prospérer, a besoin de la religion, l'État démocratique est certainement celui auquel elle est le plus indispensable, parce qu'il est de tous celui qui réclame le plus de vertus, de patriotisme, d'esprit de sacrifice et de dévouement, et conséquemment le plus de sens religieux. C'est ce que soutiennent Montesquieu, de Tocqueville et tous nos grands penseurs. Aussi sommes-nous étonné autant qu'attristé de rencontrer parmi les partisans du régime démocratique certains hommes ennemis déclarés de l'Église catholique et de toute religion, et qui ont la prétention d'édifier le gouvernement de leur choix sur l'athéisme et le matérialisme, sur le néant de toute croyance religieuse.

C'est vraiment à n'y pas croire ! Figurez-vous donc une nation composée d'athées, de positivistes, comme ils s'appellent, qui ne croient ni à Dieu ni à leur âme, qui ne voient conséquemment d'autres biens que les biens de la terre dans le court espace

[1] Encyclique *Immortale Dei*.

de la vie présente et qui ne craignent ni n'espèrent rien au delà. Et au nom de votre morale indépendante, morale sans Dieu, sans principe ni sanction, vous allez leur rappeler la patrie et les devoirs austères et quelquefois héroïques qu'elle leur impose! En vérité, pouvez-vous espérer d'être entendus et compris? Pouvez-vous espérer de faire taire chez eux les égoïsmes individuels, les ambitions et toutes les cupidités? Non, ce n'est pas possible.

Parlez tant que vous voudrez de liberté, d'égalité, de fraternité; inscrivez ces grands noms sur tous vos monuments publics; ils ne suffiront pas pour sauvegarder votre démocratie si l'Église elle-même, qui les a la première apportés au monde, ne vous les explique et ne vous en donne le vrai sens.

La liberté n'est certes pas la licence de faire tout ce qu'on veut. La vraie et légitime liberté est pour chacun le pouvoir d'agir sans entraves dans le domaine de ses droits, en respectant la liberté et les droits d'autrui. Et cette exacte définition s'applique à l'État comme à chaque individu.

La liberté et les droits de l'État ont en effet leurs limites. C'est ce qu'on a trop souvent oublié dans les Républiques comme dans les Monarchies. Tout gouvernement, et surtout le gouvernement démocratique, doit respecter la liberté et les droits naturels et légitimes de tous et de chacun des citoyens.

Une concentration excessive du pouvoir devient, en effet, la tyrannie, qui supprime l'initiative personnelle de l'individu, de la famille, de la commune; il ne reste plus vraiment qu'un troupeau d'esclaves sous un maître, assemblée ou monarque, qui s'appelle l'État, et qui n'est qu'un despote. Mais ce n'est pas pour l'État que le peuple est fait; dans le plan providentiel, c'est l'État qui est fait pour le peuple: Soutenir le contraire serait évidemment absurde.

Que si la liberté et les droits de l'État sont essentiellement limités, il en est à coup sûr de même des libertés individuelles du citoyen : liberté de penser, liberté de parler et d'écrire, liberté d'agir; toutes ces libertés ont besoin d'être réglées.

La liberté de penser, si elle ne peut être atteinte du dehors, a évidemment pour règle la conscience de chacun, qui lui défend d'adhérer au mal et à l'erreur. Les vérités morales et religieuses ne sont pas moins certaines que les vérités mathématiques, et lorsqu'elles nous sont connues, nous ne pouvons les nier sans une coupable déraison. Nous n'avons pas plus le droit de douter que le parricide soit un crime que de douter que les trois angles du triangle égalent deux angles droits.

Mais alors même que l'homme se trompe de bonne foi, soit en matière religieuse, soit en politique, faut-il admettre que, dans son erreur invo-

2

lontaire, il ait le droit d'user toujours de sa liberté, et de dire, d'écrire et d'agir selon ce qu'il pense et croit? Sans doute, il y a une essentielle distinction à faire entre l'erreur, qui ne peut évidemment avoir aucun droit à la liberté, et la conscience, invinciblement erronée, qui revendique son droit de liberté pour publier et propager ce qu'elle croit sincèrement être la vérité. Néanmoins, il est impossible d'accorder absolument, même à l'homme qui se trompe de bonne foi, cette liberté illimitée, sans arriver à d'étranges et très funestes conséquences.

Ainsi, la liberté illimitée des cultes va logiquement à autoriser les plus folles erreurs, les superstitions les plus dégradantes et jusqu'aux sacrifices humains de l'antique druidisme, jusqu'aux obscènes mystères des sanctuaires d'Éleusis.

La liberté illimitée de la parole et de la presse serait le droit de propager l'impiété et l'athéisme, les doctrines antisociales les plus subversives, de provoquer à l'émeute et à la guerre civile, toutes choses mortelles pour les gouvernements.

« Cette liberté de penser et de publier ses pensées, soustraite à toute règle, dit avec tant de raison le Pape dans son encyclique, n'est pas de soi un bien dont la société ait à se féliciter; mais c'est plutôt la source de beaucoup de maux. »

Que si l'Église doit condamner et condamne ces

funestes abus, cependant « il n'y a pour personne
de vrai motif pour l'accuser d'être l'ennemie soit
d'une juste tolérance, soit d'une saine et légitime
liberté. En effet, continue le Saint-Père, si l'Église
juge qu'il n'est pas permis de mettre les divers
cultes sur le même pied légal que la vraie religion,
elle ne condamne pas pour cela les chefs d'État,
qui, en vue d'un bien à atteindre ou d'un mal à
empêcher, tolèrent dans la pratique que ces divers
cultes aient chacun leur place dans l'État. C'est
d'ailleurs la coutume de l'Église de veiller avec le
plus grand soin à ce que personne ne soit forcé
d'embrasser la foi catholique contre son gré; car,
ainsi que l'observe saint Augustin, « l'homme ne
peut croire que de plein gré (¹). »

« Par la même raison, l'Église ne peut approuver
une liberté qui engendre le dégoût des plus saintes
lois de Dieu et secoue l'obéissance qui est due à
l'autorité légitime. C'est là plutôt une licence qu'une
liberté, que saint Augustin appelle très justement
« une liberté de perdition » (²), et l'apôtre saint
Pierre « une voie de méchanceté (³) ». Bien plus,
cette prétendue liberté étant opposée à la raison
est une véritable servitude : « Celui qui commet le
péché est esclave du péché » (⁴). Celle-là, au contraire, est la liberté vraie et désirable qui, dans
l'ordre individuel, ne laisse l'homme esclave ni des

(¹) Traité 26 sur saint Jean, nᵒ 2. — (²) Épît. CV, *Ad donatistas,* chap. II,
nᵒ 9. — (³) Pierre, II, 16. — (⁴) Jean, VIII, 34.

erreurs, ni des passions qui sont ses pires tyrans, et, dans l'ordre public, trace de sages règles aux citoyens, facilite largement le bien-être et préserve de l'arbitraire d'autrui la chose publique. Cette liberté honnête et digne de l'homme, l'Église l'approuve au plus haut point, et pour en garantir aux peuples la ferme et intégrale jouissance, elle n'a jamais cessé de lutter et de combattre. »

Il y a donc une limite à toutes les libertés humaines. Cette limite ne sera pas toujours et partout la même; elle peut et doit varier selon les temps et les circonstances, selon les mœurs et le caractère des différents peuples, selon le degré de leur civilisation; en un mot, selon les périls à prévoir du plus ou du moins de liberté accordée et autorisée par les lois.

Or, ces lois sages et nécessaires qui doivent circonscrire les libertés humaines ont besoin que la religion leur prête son appui au fond des consciences. Sans cela, comment arrêterez-vous l'homme emporté par des passions violentes au delà des limites de son droit, si vous n'avez à lui opposer que la peur du gendarme et du bagne, auxquels il se croit sûr d'échapper? « C'est le despotisme qui peut se passer de la foi, dit quelque part M. de Tocqueville, mais non la liberté. La religion est beaucoup plus nécessaire dans la République que dans la Monarchie, et dans la République démocratique que dans les autres. Comment la société pourrait-elle manquer de périr si, tandis que le lien politique se relâche, le lien moral ne se resserrait pas? Et que faire d'un peuple maître de lui-même, s'il n'est pas soumis à Dieu? »

L'égalité de tous devant la loi comme devant Dieu est à coup sûr une grande et belle chose. Mais l'égalité absolue est évidemment impossible; elle n'existe nulle part et ne peut entrer dans le dessein de la Providence. Supposez donc un monde peuplé d'hommes absolument semblables physiquement et moralement. Il faut convenir que ce serait un monde affreusement monotone, où l'on aurait peine à se reconnaître. Dieu l'a fait autrement et a voulu la variété dans l'unité pour le beau de son œuvre.

Il y a donc parmi les hommes des inégalités essentielles; tous n'ont pas la même taille et la même force musculaire, ni la même intelligence, les mêmes talents, les mêmes capacités. Et quant à la richesse, au bien-être matériel, il en doit être de même, puisque pour les acquérir et les conserver il n'y a pas chez tous une pareille habileté.

Il est d'ailleurs évident, pour quiconque sait réfléchir, que fût-il possible de partager aujourd'hui dans une parfaite égalité la fortune de la France entre tous les Français, cette égalité n'existerait plus demain.

Nos socialistes les plus déterminés le sentent bien eux-mêmes. Aussi l'égalité qu'ils revendiquent, ce n'est pas l'égalité avec ceux qu'ils voient au-dessous d'eux, mais avec ceux qui sont au-dessus, qui sont plus riches qu'eux, et difficilement ils se résigneraient à un partage universel qui leur imposerait l'égalité absolue.

Cependant, avec vos principes matérialistes, lorsque vous aurez persuadé aux déshérités de la terre qu'il n'y a aucune compensation d'outre-tombe aux inégalités présentes, qu'il n'y a rien à attendre ni à craindre après la mort, et que c'est uniquement ici-bas qu'il faut chercher et trouver le bonheur, que deviendra votre démocratie? Ne sont-ils pas le nombre et la force?

L'indigent, l'ouvrier, positiviste, athée, qui s'épuise dans son rude travail pour gagner le pain de sa femme et de ses enfants, et qui n'y réussit pas toujours, que fera-t-il à côté de votre richesse insolente si le sens moral, encore à demi-vivant en lui, ne proteste pas contre vos funestes doctrines? s'il ne lui reste quelques souvenirs du catéchisme de sa mère, qui lui a parlé autrefois de Dieu et de sa suprême justice? Car l'homme qui a perdu toute espérance d'immortalité doit, s'il est logique et conséquent, s'assurer autant qu'il le peut le bonheur en ce monde. Le seul mal pour lui est l'obstacle, qu'il faut à tout prix renverser. S'agît-il pour cela de faire tomber cent têtes humaines, pourvu que l'opération puisse s'accomplir sans danger pour lui, pourquoi reculerait-il? C'est la lutte pour la vie, comme l'appelle la science moderne, et il en trouve des exemples au fond de nos forêts, où les grands arbres étouffent les petits, où les animaux les plus forts dévorent les faibles!

Mais on nous parle de fraternité! Et quelle fraternité? Car en dehors de nos principes chrétiens il n'en n'existe pas et n'en peut exister, de fraternité.

Pour nos panthéistes, tout est Dieu et Dieu est tout. L'univers entier, avec tous les éléments qui le composent, est éternel, et une loi fatale préside à l'organisation et à la désorganisation de tous les êtres qui nous entourent : minéraux, végétaux, animaux. Tout ce grand travail s'accomplit, nous dit-on, par évolution continue à travers les trois règnes de la nature. Chaque être organisé commence par la cellule et se développe graduellement jusqu'à l'homme, qui n'est peut-être pas le dernier terme de cette progression.

Or, que devient la fraternité humaine dans ces systèmes de philosophie? En vérité, nos savants panthéistes ne peuvent avoir d'autre droit que de s'écrier avec Job, mais sans poésie et sans figures : « J'ai dit au ver du sépulcre : Tu es mon père! et à la pourriture : Tu es ma mère et ma sœur (¹)! »

(¹) Job, XVII, 14.

Le christianisme seul nous fournit les vrais principes de la fraternité humaine. Il nous enseigne que nous descendons tous d'un même père et d'une même mère, et dans cette unité d'origine nous sommes réellement frères, puisque le même sang coule dans nos veines.

Fils d'Adam et d'Ève, la foi catholique nous révèle encore une autre fraternité plus sublime et toute divine : notre fraternité en Jésus-Christ, qui « n'a pas craint de nous appeler ses frères » (1). Nous le sommes, en effet : le fils éternel de Dieu, en se faisant chair, est devenu le fils de l'homme, participant de notre nature, et nous lui sommes réellement consubstantiels. Cette divine parenté se perfectionne et s'achève en nous par la vertu des sacrements et surtout de l'Eucharistie, où il nous communique sa propre chair et son propre sang. Oui, nous sommes ses frères et nous devons dire à son Père, comme il nous l'enseigne lui-même : « Notre Père qui êtes dans les cieux (2). » Et l'apôtre saint Paul en tirait la magnifique conclusion : « Vous tous qui avez été baptisés en Jésus-Christ, vous n'êtes plus qu'un en Jésus-Christ (3). »

Qui dira les merveilleux effets de cette divine fraternité dans le monde, depuis dix-huit siècles ? Elle est l'intarissable source de la charité sous toutes

(1) Hébr., II, 11. — (2) Math., VI, 8. — (3) Gal., III, 28.

les formes : l'amour du prochain porté jusqu'à l'héroïsme, le pardon des injures, la consolation pour toutes les douleurs, l'assistance pour toutes les détresses. Comptez, le long des âges et sur tous les chemins où l'Église a passé, les hôtels-Dieu, les établissements de toutes sortes ouverts à l'enfance, à la vieillesse, à toutes les infirmités humaines; c'est toujours la fraternité divine qui en a posé et béni les premières pierres.

La liberté, l'égalité et la fraternité, éléments essentiels de la vraie démocratie, sont donc nées du christianisme, qui peut seul en garantir l'intégrité et la dignité. Toutes les fois, au contraire, que l'athéisme les a touchées, elles ont été compromises et déshonorées, et avec elles la démocratie elle-même. Certes, interrogez l'histoire; elle a pour nous là-dessus de grandes et terribles leçons.

La liberté sans Dieu! Quand elle n'est pas devenue la licence effrénée et l'anarchie absolue, elle n'a plus été qu'un nom, pour voiler le despotisme de ceux qui l'avaient confisquée à leur profit.

L'égalité sans Dieu! C'est le socialisme radical, le communisme, toutes ces monstrueuses et folles utopies, impossibles sans doute, irréalisables, mais dont le seul essai de réalisation suffirait pour bouleverser en quelques mois tout un pays et le couvrir d'immenses ruines.

La fraternité sans Dieu! c'est la fraternité de la

bête sans cœur ni entrailles! la fraternité de Caïn;
la fraternité de la mort!

Et pourrait-il en être différemment dans une
société d'athées et de matérialistes, s'ils veulent être
conséquents avec eux-mêmes et avec leurs principes? S'ils ne voient pour terme final de leur existence que l'éternel néant, ils ne doivent avoir de
souci que pour leurs satisfactions présentes. Que
leur importe le reste? Que leur importe la patrie et
l'avenir de la patrie, votre Dieu-humanité ou votre
Dieu-État, dont ils vont être bientôt séparés pour
jamais et qui ne leur sera plus rien?

III

La grande hérésie contemporaine consiste à
vouloir, sous le nom barbare de *laïcisation*, exclure
Dieu de l'État, aussi bien que de la famille et de
toutes nos institutions sociales; tentative impossible, parce qu'elle est contre la nature des choses!

L'homme, en effet, est un être essentiellement
religieux; c'est son caractère distinctif. Il a des
pressentiments de l'infini; il a conscience d'une
cause première et nécessaire à ce monde visible, il
entrevoit une autre vie après celle-ci, et la religion
seule satisfait à ses nobles aspirations, à ses espé-

rances d'immortalité. Aussi éprouve-t-il l'invincible besoin de la religion pour lui et pour tout ce qui le touche. Il la veut à son foyer, pour le consoler dans ses angoisses, le relever dans ses défaillances; pour bénir ses enfants et ses adolescents, leur garder la foi et les mœurs pures, et toutes les vertus qui font l'honneur de la famille.

Mais, en vérité, l'homme en devenant citoyen, membre de la société civile, cesse-t-il d'être religieux? et cette société formée d'hommes religieux, peut-elle ne pas l'être elle-même? Comment alors l'empêcher de manifester extérieurement sa foi et d'avoir sa religion nationale? Eh! quoi, en matière politique, commerciale, industrielle, artistique, on nous reconnaît le droit de mettre en commun nos idées, de les propager, de les traduire en actes, et nous ne l'aurions pas en matière religieuse, et chacun serait forcé de se renfermer en soi et d'y adorer tout seul son Dieu! Mais le culte extérieur et public est évidemment la conséquence nécessaire du culte intérieur et individuel. Et sous prétexte de liberté de conscience, une nation comme la France, universellement chrétienne et catholique, ne pourra pas établir un service public de son culte, ni surtout en inscrire les frais à son budget, parce qu'il se rencontre chez elle quelques dissidents en infime minorité! Que deviendraient. avec le même argument, tous nos autres services publics, s'il fallait tenir compte de ceux qui n'en usent pas et n'en veulent pas user?

Assurément la liberté des dissidents doit être respectée : qu'ils restent libres de croire ce qu'ils voudront ou de ne rien croire; libres dans l'exercice du culte religieux de leur choix. Nous l'avons déjà dit, notre foi catholique ne s'impose pas par la force et la violence, mais par la persuasion, en s'adressant à la conscience libre de chacun.

Pour nous chrétiens, qui sommes l'immense majorité de la France, nous savons que Dieu qui a fait les peuples, comme il a fait la famille, a sur eux des droits souverains et imprescriptibles, qu'il lui est dû l'hommage public de l'adoration, de l'obéissance et de l'amour, tout ce qui constitue le culte national. Serait-ce donc qu'une nation aurait moins besoin de Dieu, et de la protection de Dieu, que la famille et l'individu? Et vous voulez, dites-vous, laïciser l'État, c'est-à-dire y supprimer Dieu et la religion. Ce n'est pas possible; et votre projet de séparation de l'Église et de l'État ne serait qu'un contre-sens, qu'une criminelle déraison, s'il n'était pas pour l'État surtout le pire des attentats, car ce serait le frapper dans son principe vital, dans sa base la plus essentielle.

L'État, en effet, quel qu'en soit le régime. ne se conçoit pas sans un ordre établi; et conséquemment sans une autorité respectée et obéie; autrement ce serait l'anarchie. Mais d'où lui viendra cette autorité, si elle ne vient pas de Dieu? Peut-il la tirer de lui-même? La souveraineté du peuple, comme on l'appelle, est-elle un principe primordial, qui constitue le peuple son propre souverain, absolument indépendant, avec le droit de faire et de décréter tout ce qui lui plaît, et n'ayant besoin, selon Rousseau, que de sa volonté pour légitimer ses actes?

Mais d'abord, le plus vulgaire bon sens nous répond qu'il existe des droits antérieurs à ceux du peuple, et qu'il est lui-même obligé de les respecter. Il y a une justice éternelle, une loi éternelle, dont nous avons conscience, et à laquelle nul législateur humain, monarque ou assemblée, ne saurait déroger sans crime. Cette loi suprême et immuable est le fondement nécessaire de nos lois civiles; c'est elle qui leur communique toute leur force et leur valeur pour les rendre obligatoires; car sans cela elles ne seraient plus des lois.

Comment d'ailleurs supposer que le peuple puisse avoir en soi et tirer de soi le pouvoir de gouverner? Tous les hommes étant égaux entre eux, aucun à coup sûr n'a le droit de commander aux autres. Or, un peuple n'est qu'une collection d'hommes, un nombre d'individus, d'unités sans droit; comment alors admettre que ce nombre d'unités sans droit puisse produire le droit? Zéro multiplié par zéro n'a jamais produit que zéro. Non, un peuple tout entier n'a pas de soi le droit de commander, le droit d'imposer sa volonté à une conscience humaine. Sans doute il a la force matérielle qui peut faire des martyrs, mais qui n'atteint jamais aux mystérieuses profondeurs d'une âme libre.

Qu'en certaines circonstances providentielles qu'amène la force des choses, une nation se choisisse elle-même la forme de son gouvernement, monarchique ou républicaine, qu'elle se donne par l'élection un chef ou des chefs, c'est un droit que l'Église ne lui a jamais contesté, comme le fait remarquer par deux fois le Souverain Pontife dans sa récente encyclique. Ces élus de la nation sont bien les dépositaires légitimes du pouvoir, de la souveraineté. Mais cette souveraineté est de Dieu, vient de Dieu, « *omnis potestas à Deo,* » et ce n'est qu'à ce titre que le respect et l'obéissance lui sont dus.

Cette noble doctrine, fondée sur la nature même des choses, l'Église catholique n'a cessé de la sanctionner de sa divine autorité et de l'enseigner dans tous les temps. Écoutons surtout notre grand pape Léon XIII, qui vient de nous exposer cette thèse capitale avec une admirable précision : « L'homme est né pour vivre en société, car, ne pouvant dans l'isolement ni se procurer ce qui est nécessaire et utile à la vie, ni acquérir la perfection d'esprit et de cœur, la Providence l'a fait pour s'unir à ses semblables en une société tant domestique que civile, seule capable de fournir ce qu'il faut à la perfection de l'existence. Mais comme nulle société ne saurait exister sans un chef qui préside et qui imprime à chacun une même impulsion efficace vers un but commun, il en résulte qu'une autorité est nécessaire aux hommes constitués en société pour les régir, autorité qui, aussi bien que la société, procède de la nature, et conséquemment a Dieu pour auteur.

» Il s'ensuit encore que le pouvoir public ne peut venir que de Dieu. Dieu en effet est le Souverain Maître des choses : toutes, quelles qu'elles soient, doivent nécessairement lui être soumises et lui obéir ; de telle sorte que quiconque a le droit de commander, ne tient ce droit que de Dieu, chef suprême de tout. « Tout pouvoir vient de Dieu [1]. »

» Du reste, la souveraineté n'est en soi nécessairement liée à aucune forme politique ; elle peut fort bien s'adapter à celle-ci ou à celle-là, pourvu qu'elle soit de fait apte à l'utilité et au bien commun. Mais quelle que soit la forme du gouvernement, les chefs d'État doivent absolument avoir le regard fixé sur Dieu, souverain modérateur du monde, et, dans l'accomplissement de leur mandat, le prendre pour modèle et pour règle. De même, en effet, que dans l'ordre des choses visibles, Dieu a créé des causes

---

[1] Rom, XIII, 1.

secondes, en qui se reflètent en quelque façon la nature et l'action divine et qui concourent à mener au but où tend cet univers, ainsi a-t-il voulu que dans la société civile il y eût une autorité dont les dépositaires fussent comme une image de la puissance que Dieu a sur le genre humain, en même temps que de sa providence.

» Le commandement doit donc être juste ; c'est moins le commandement d'un maître que d'un père, car l'autorité de Dieu sur les hommes est très juste et se trouve unie à une paternelle bonté. Il doit d'ailleurs s'exercer pour l'avantage des citoyens, parce que ceux qui ont autorité sur les autres en sont exclusivement investis pour assurer le bien public. L'autorité civile ne doit servir, sous aucun prétexte, à l'avantage d'un seul ou de quelques-uns, puisqu'elle a été constituée pour le bien commun.

» Si les chefs d'État se laissent entraîner à une domination injuste, s'ils pèchent par abus de pouvoir ou par orgueil, s'ils ne pourvoient pas aux intérêts du peuple, qu'ils le sachent bien, ils auront un jour à rendre compte à Dieu et ce compte sera d'autant plus sévère que la fonction qu'ils exercent est plus sainte, et qu'est plus élevé le degré de la dignité dont ils sont revêtus : « Les puissants seront puissamment punis (1). »

(1) Sag , VI, 7.

» C'est ainsi que la majesté du commandement entraînera l'hommage volontaire du respect des citoyens, car si ceux-ci sont une fois bien convaincus que l'autorité de ceux qui commandent vient de Dieu, ils se sentiront obligés par justice d'accueillir docilement les ordres des princes et de leur prêter obéissance et fidélité, avec le sentiment de piété qu'ont les enfants envers leurs parents. « Que toute âme soit soumise aux puissances plus élevées (¹). » Car il n'est pas plus permis de mépriser le pouvoir légitime, quelle que soit la personne en qui il réside, que de résister à la volonté de Dieu ; or, ceux qui résistent courent d'eux-mêmes à leur perte. « Qui résiste au pouvoir résiste à l'ordre établi de Dieu ; et ceux qui résistent s'attirent à eux-mêmes la condamnation (²). » C'est pourquoi secouer l'obéissance et révolutionner la société par le moyen de la sédition est un crime de lèse-majesté non seulement humaine, mais divine. »

Telle est, dans le plan providentiel, la vraie constitution des États. Et le code de morale civique, qui en découle manifestement, a son principe en Dieu avec son éternelle sanction. Donc respect au pouvoir et obéissance de la part de ceux qui sont gouvernés ! C'est l'ordre divin formel. Respect au pouvoir aussi de la part de ceux à qui il est confié et qui n'ont le

______

(¹) Rom., XIII, 1. — (²) Rom., XIII, 2.

droit de l'exercer que pour le bien général et jamais dans leur intérêt personnel! « Vous savez, dit Jésus-Christ, que les princes des nations les dominent; il n'en sera pas ainsi parmi vous : mais que celui qui voudra être le plus grand entre vous soit votre serviteur ... comme le fils de l'homme qui n'est pas venu pour être servi, mais pour servir (1). »

« Et maintenant, ô rois, comprenez; instruisez-vous, vous qui jugez la terre (2) ! » Une grande responsabilité pèse sur vous, et vous aurez bientôt un compte rigoureux à rendre de l'autorité ou de la parcelle d'autorité dont vous n'êtes que les dépositaires. Ne l'oubliez pas, rois, empereurs, présidents de république, sénateurs, députés, et vous-mêmes, simples électeurs, en votre souveraineté d'un jour, quand vous allez porter aux urnes votre suffrage!

Oh! si notre démocratie moderne voulait se pénétrer de ces principes chrétiens; si dans nos comices électoraux pour le choix des sénateurs, des députés, des conseillers généraux, municipaux, chaque électeur, inspiré du sens chrétien, ne donnait son vote qu'aux candidats les plus honnêtes et intelligents, les plus capables de rendre des services au pays, quels n'en seraient pas les heureux résultats pour le bien de tous! L'obéissance ennoblie deviendrait plus facile, et le pouvoir, confié aux mains les plus

(1) Math., XXV, 28, 29. — (2) Ps., II, 10.

dignes, ne manquerait pas d'être respecté. L'État, sauvé des horreurs de l'anarchie et des hontes du despotisme, trouverait dans l'ordre la paix et le bonheur.

IV

Ce but social, l'Église ne l'a jamais perdu de vue depuis dix-huit siècles. Car, loin d'être l'ennemie de l'État, comme on l'en accuse indignement, elle s'intéresse au contraire à sa prospérité et s'est toujours montrée favorable au progrès des peuples. Sans doute elle s'efforce d'en ôter les scories et tous les éléments pernicieux, mais elle a travaillé efficacement et continue de travailler au développement de la vraie civilisation. Les historiens les plus impartiaux, des hommes d'intelligence et de génie n'ont pas manqué de lui en rendre témoignage. Mais personne n'a exposé et mieux analysé que Léon XIII cette action féconde et civilisatrice de l'Église sur la société.

« Il fut un temps, nous dit-il, où la philosophie de l'Évangile gouvernait les États. A cette époque l'influence de la sagesse chrétienne et de sa divine vertu pénétrait les lois, les institutions, les mœurs des peuples, tous les rangs et tous les rapports de la société civile. Alors la religion instituée par Jésus-Christ, solidement établie dans le degré de dignité qui lui est dû, était partout florissante, grâce à la faveur des princes et à la protection légitime des magistrats. Alors le sacerdoce et l'empire étaient liés entre eux par une heureuse concorde et l'amical échange de bons offices. Organisée de la sorte, la société civile donna des fruits supérieurs à toute attente, dont la mémoire subsiste et subsistera, consignée qu'elle est dans d'immortels documents que nul artifice des adversaires ne pourra corrompre ni obscurcir.

» Si l'Europe chrétienne a dompté les nations barbares et les a fait passer de la férocité à la mansuétude, de la superstition à la vérité ; si elle a repoussé victorieusement les invasions musulmanes ; si elle a gardé la suprématie de la civilisation, et si, en tout ce qui fait honneur à l'humanité, elle s'est constamment et partout montrée guide et maîtresse ; si elle a gratifié les peuples de la vraie liberté sous ses diverses formes ; si elle a très sagement fondé une foule d'œuvres pour le soulagement des misères, il est hors de doute qu'elle en est grandement redevable à la religion, sous l'influence et avec l'aide de laquelle elle a entrepris et accompli de si grandes choses. »

Oui, l'Église catholique ne fut jamais dans le passé l'adversaire du vrai progrès social, et elle est toujours prête à le seconder dans le présent et dans l'avenir. « Ainsi donc, déclare ailleurs notre grand

Pape, dire que l'Église voit de mauvais œil les formes plus modernes du système politique et repousse en bloc toutes les découvertes du génie contemporain, c'est une calomnie vaine et sans fondement.

» Sans doute elle répudie les opinions malsaines, elle réprouve le pernicieux penchant à la révolte, et tout particulièrement cette prédisposition des esprits où perce déjà la volonté de s'éloigner de Dieu; mais comme tout ce qui est vrai ne peut procéder que de Dieu, en tout ce que les recherches de l'esprit humain découvrent de vérité, l'Église reconnaît comme une trace de l'intelligence divine: et puisqu'il n'y a aucune vérité naturelle qui infirme la foi aux vérités divinement révélées, que beaucoup la confirment et que toute découverte de vérité peut porter à connaître Dieu lui-même, l'Église accueillera toujours volontiers et avec joie tout ce qui contribuera à élargir la sphère des sciences, et, ainsi qu'elle l'a toujours fait pour les autres sciences, elle favorisera et encouragera celles qui ont pour objet l'étude de la nature.

» En ce genre d'études, l'Église ne s'oppose à aucune découverte de l'esprit; elle voit sans déplaisir tant de recherches qui ont pour but l'agrément et le bien-être, et même, ennemie née de l'inertie et de la paresse, elle souhaite grandement que l'exercice et la culture fassent porter au génie de l'homme des fruits abondants. Elle a des encouragements pour

toute spèce d'art et d'industrie, et en dirigeant par
sa vertu toutes ces recherches vers un but honnête
et salutaire, elle s'applique à empêcher que l'intelligence et l'industrie de l'homme ne le détournent
des biens célestes. »

« Mais, ajoute avec tristesse le Saint-Père, c'est cette
manière d'agir pourtant si raisonnable et si sage,
qui est discréditée en ce temps où les États non
seulement refusent de se conformer aux principes
de la philosophie chrétienne, mais paraissent vouloir s'en éloigner chaque jour davantage. Néanmoins
le propre de la lumière étant de rayonner d'elle-
même au loin et de pénétrer peu à peu les esprits
des hommes, mu comme nous sommes par la
conscience des très hautes et très saintes obligations
de la mission apostolique dont nous sommes investis envers les peuples, nous proclamons librement,
selon notre devoir, la vérité. Non pas que nous
ne tenions aucun compte des temps, ou que nous
estimions devoir proscrire les honnêtes et utiles
progrès de notre âge; mais parce que nous vou-
drions voir les affaires publiques suivre des voies
moins périlleuses et reposer sur de plus solides fon-
dements; et cela en laissant intacte la liberté légitime des peuples, cette liberté dont la vérité est
parmi les hommes la source et la meilleure sauve-
garde : « La vérité vous délivrera (¹). »

(¹) Jean, VIII, 32. — Encyclique *Immortale Dei*.

Malheureusement l'Église et ses Pontifes n'ont pas toujours été écoutés comme ils devraient l'être, et trop souvent leur action salutaire a été entravée. Toutefois, malgré les obstacles et les difficultés de toutes sortes, quels merveilleux changements se sont accomplis par l'influence de l'Église catholique au sein des sociétés humaines qu'elle a pu atteindre ! Que l'on compare à dix-huit siècles de distance ! Quels progrès dans les esprits, dans les mœurs, dans les lois ! Jetez seulement un regard sur la carte du monde : où rencontrez-vous la civilisation ? N'est-ce pas uniquement là où l'Évangile a été prêché, où la croix a été plantée et est restée debout ? Partout ailleurs c'est la barbarie ou des civilisations décrépites, sans sève et sans vie. Voilà un fait incontestable.

Est-ce donc au hasard que serait dû ce phénomène de ne rencontrer jamais notre civilisation qu'à la suite de l'Église ? Personne n'oserait l'affirmer. Mais c'est qu'il y a entre elles, entre la civilisation et l'Église, un lien de parenté, comme entre la fille et la mère, destinées l'une et l'autre à la même fortune. N'ont-elles pas toujours eu les mêmes pionniers sur tous les chemins de ce monde, nos missionnaires catholiques ? Et quand ceux-ci sont arrêtés par le despotisme et par le bourreau, la civilisation aussi s'arrête et meurt noyée dans le sang des martyrs.

Nos diplomates européens devraient y réfléchir,

surtout à l'heure présente qu'il n'y a plus de distances, que les intérêts matériels vont mettre en contact tous les peuples et toutes les races. Quelle croisade féconde et pacifique deviendrait facile pour le bonheur de l'humanité? Il ne s'agit certes pas ici de conversions par la force et la violence, qui ne feraient que de lâches hypocrites, et que l'Église réprouve; mais par la seule persuasion, par la parole et le dévouement de nos apôtres missionnaires, dont il suffirait de protéger la vie et la liberté.

Le jour se fait de plus en plus, grâce à nos intrépides explorateurs, sur la situation de ces innombrables populations de l'Asie, de l'Afrique, de l'Océanie. C'est presque partout la barbarie ou la décrépitude, l'abaissement moral et la servitude de l'immense majorité indignement exploitée par une minorité non moins dégradée. Ne serait-il pas infiniment souhaitable, autant dans notre intérêt que dans le leur, de les initier à nos idées, à notre esprit, d'introduire et de propager chez elles notre belle civilisation chrétienne? Car, n'en doutons pas, ce n'est qu'en faisant des chrétiens que nous pouvons espérer de faire des peuples civilisés.

Or l'Église catholique est seule capable de relever la dignité humaine et de civiliser le monde. Il lui a fallu dix-huit siècles pour ce grand travail sur le sol de notre vieille Europe. Mais que sont dix-huit siècles dans le nombre de siècles que Jésus-Christ a destinés à son Église? Le règne de l'Évangile nous semble n'être encore qu'à ses débuts; aussi bien ne doit-il pas s'étendre à tous les points, jusqu'aux extrémités de la terre et y exercer partout son action salutaire? L'ordre divin en a été donné : « Allez dans tout l'univers prêcher l'Évangile à toute créature, *omni creaturæ* (¹). » Évidemment cet ordre prophétique n'a pas eu son accomplissement; mais, à l'heure qu'il est, la Providence nous paraît avoir tout préparé pour un prochain triomphe. Jamais en effet l'Église n'avait eu à sa disposition plus de moyens de propagande et de plus puissants que de nos jours. Seulement garantissez-lui la liberté; qu'elle puisse sans trop de péril se montrer à tous les peuples, à toutes les races, et leur donner ses célestes enseignements. Le succès lui sera assuré.

De toutes les religions positives qui se disputent le monde aujourd'hui, la religion catholique est, en effet, la seule qui ait son histoire authentique, et qui fournisse des preuves de sa divinité, fondées sur des faits et des prodiges qu'il est impossible de nier sans renoncer à toute certitude historique; elle est la seule qui nous donne la solution aux grands problèmes de la vie et de la mort, du temps et de l'éternité, et qui réponde aux exigences et à toutes les nobles aspirations de l'esprit et du cœur de l'homme.

(¹) Marc, XVII, 15.

L'Église catholique n'a besoin que d'être connue, pour être aimée et embrassée.

Devant elle tous les faux cultes, les fausses religions positives, aussi bien que les vagues et changeants systèmes de la philosophie, sont condamnés à s'évanouir et à disparaître comme les ténèbres devant la lumière. Oui, nous en avons la ferme conviction, un jour qui n'est peut-être pas bien éloigné, le genre humain, au point de vue religieux, se partagera en deux classes d'hommes: d'un côté des chrétiens catholiques et de l'autre côté des sceptiques qui ne croiront qu'au néant. Mais le néant, c'est le vide qui fait horreur à la nature, et l'amour du néant est une monstruosité qui ne doit être qu'à l'état d'exception.

Toutefois l'incrédulité, le scepticisme ne disparaîtront pas complètement. C'est le grand scandale de l'avenir que l'apôtre appelle nécessaire; car il y aura toujours en ce monde les deux cités, la cité de Dieu et la cité de Satan; toujours l'ivraie à côté du bon grain, dans le même champ du père de famille, et Jésus-Christ ne veut pas qu'on l'arrache, mais qu'on attende le temps de la moisson.

Les vrais chrétiens sauront attendre avec patience et résignation, surtout avec amour et charité. Ils prieront, sans désespérer jamais de leurs frères égarés, dont plusieurs reviendront, comme Madeleine, Paul et Augustin, à l'heure mystérieuse de la grâce, pour réjouir à la fois l'Église de la terre et l'Église du ciel, puisque au ciel il se fait une grande joie quand sur la terre un pécheur se convertit.

V

L'Église catholique a des promesses d'immortalité, déjà confirmées par dix-huit siècles de luttes et de triomphes manifestement surhumains. Elle doit donc, jusqu'à la consommation des choses, continuer d'accomplir sa divine mission, dont le but premier et direct est de conduire l'homme à son éternelle destinée. Mais en même temps elle ne cessera jamais d'être le plus ferme appui des États.

Cependant ne nous faisons pas trop d'illusion sur l'avenir du progrès social. La perfection n'est pas de ce monde ; et malgré les services que l'Église peut rendre à la démocratie, en la préservant d'erreurs funestes et en la pénétrant des meilleurs principes de vitalité, celle-ci n'en aura pas moins, dans l'avenir comme dans le passé, une marche difficile et laborieuse.

Tout progrès social rencontre d'ordinaire deux sortes d'adversaires. Les uns, trop timides, redoutent le moindre mouvement, refusent d'avancer, veulent s'arrêter et retourner en arrière. Les autres, trop audacieux, sont impatients, veulent marcher vite, et, sans tenir compte du milieu et des circonstances, se précipitent imprudemment jusqu'aux abîmes. Cela s'est vu de tout temps et partout.

Il y a en effet des esprits toujours tournés vers le passé, plus ou moins intéressés à regretter un état de choses devenu impossible; car, pas plus que les torrents, l'humanité ne remonte en arrière, et c'est en vain qu'on essaie d'arrêter un mouvement irrésistible et fatal.

Il faut aussi en convenir, la folle imprudence de certains progressistes a trop souvent inspiré un juste effroi. Notre histoire moderne et contemporaine a là-dessus de tristes pages, peu encourageantes pour ceux mêmes qui se sentent le plus d'élan vers la démocratie et la liberté. Or ces excès, sans aucun doute, seront toujours le plus grave obstacle à leur diffusion régulière et bienfaisante à travers le monde.

Le devoir des sages aujourd'hui n'est pourtant pas de vouloir entraver le progrès démocratique; toute force humaine y serait impuissante, mais de le bien conduire, de le dégager des éléments impurs et dangereux qui lui sont étrangers; c'est surtout de le diriger dans la justice et dans la vérité, comme on dirige le courant d'un fleuve, pour en féconder et non pour en dévaster les rives.

Mais le grand obstacle au progrès social, comme au progrès religieux, sera toujours dans l'égoïsme et les mauvaises passions qui ne meurent jamais chez l'homme « porté au mal dès sa jeunesse », nous dit l'Écriture (¹). Elles s'agitent et s'agiteront toujours pour jeter le trouble dans l'Église, dans l'État et dans leurs rapports nécessaires, de manière à entraver, à retarder la marche de la civilisation.

L'Église elle-même n'est point en effet exempte de ces périls, gouvernée qu'elle est par des hommes qui ne sont certes pas impeccables. En parcourant les pages de ses annales, plus d'un lecteur, trop ignorant des faiblesses de la nature humaine, a été étonné et scandalisé de rencontrer à côté de vertus héroïques des désordres déplorables. Les vices d'une société à demi barbare et dépravée à l'excès se sont trop souvent introduits jusque dans le sanctuaire et l'ont déshonoré et profané. L'avarice avec les richesses, l'ambition, la corruption des mœurs, la simonie ont fait pleurer bien des saints, qui n'ont jamais manqué aux plus mauvais jours et qui ne cessèrent de réclamer à grands cris la réforme dans les chefs et dans les membres. Le concile de Trente en comprenait le besoin, quand, à chacune de ses sessions, il consacrait un chapitre à la réforme du clergé.

Il est incontestable qu'à l'heure actuelle, le clergé

____

(¹) Gen., VIII, 21.

catholique offre universellement un spectacle des plus consolants. Néanmoins il a toujours à se rappeler l'avertissement que Jésus-Christ donnait à ses apôtres au jardin de Gethsémani : « *Vigilate et orate,* veillez et priez, pour ne pas entrer en tentation [1]. »

Mais il est moralement impossible que dans l'immense légion sacerdotale, dispersée sur la surface de l'univers, il ne se rencontre pas quelquefois des scandales. Le contraire serait un miracle que Dieu n'a pas voulu, en laissant à l'homme le libre arbitre. Il y aura donc toujours des prévaricateurs oublieux de leurs serments et de la dignité de leur sacerdoce, et qui seront nécessairement de quelque manière un obstacle à l'action de l'Église dans son œuvre civilisatrice.

Les gouvernements humains, de leur côté, que n'ont-ils pas souffert et que n'ont-ils pas toujours à craindre du déchaînement des passions? Sous tous les régimes, en république comme en monarchie, quels effroyables désordres! Sur les trônes et sur les marches des trônes, on a vu s'agiter les plus viles et les plus funestes convoitises; on a vu les peuples indignement opprimés par l'injustice et les caprices du bon plaisir; des impôts écrasants et de révoltantes dilapidations; la substance et le sang des nations perdus dans des guerres terribles qui n'a-

---

[1] Math., XIV, 38.

vaient souvent d'autre motif qu'une folle ambition. L'histoire, on l'a dit avec trop de vérité, n'est d'ordinaire qu'un triste martyrologe, et « heureux ! s'écrie quelque part Fénelon, le peuple qui n'a pas d'histoire ! »

Mais le régime démocratique, pas plus que les autres régimes, n'a été à l'abri de ces calamités, toutes les fois surtout qu'il a voulu se soustraire à l'influence religieuse et aux lois de Dieu. Les passions sans frein produisent partout les mêmes effets. « J'aimerais mieux, disait Voltaire, être gouverné par un démon de l'enfer que par un tyran athée ; car si ce tyran avait intérêt à me faire piler dans un mortier, je serais sûr d'être pilé dans un mortier. » En vérité, croyez-vous être moins exposé sous la souveraineté d'une assemblée nationale composée d'athées et de matérialistes, qui prétendent ne relever que d'eux-mêmes, n'ont trop souvent en vue que leur intérêt propre et ne pensent qu'en dernier lieu, s'ils y pensent encore, à l'intérêt public ? Mais c'est bien là le caractère du despotisme et de la tyrannie, selon sa vraie définition. Seulement ici le despote a huit cents têtes au lieu d'une, avec moins de responsabilité personnelle et avec plus de facilité à des entraînements cruels. Nous pourrions certes en fournir plus d'un exemple.

Et dans les rapports internationaux de peuple à peuple, que de misères encore ! Toutes les susceptibilités de l'amour-propre collectif, des haines implacables, des diplomaties sans bonne foi où l'on ne cherche qu'à se duper mutuellement, des guerres atroces. Considérez siècle par siècle la carte du monde et les changements géographiques qui s'y opèrent sans cesse : demandez-vous combien de fois l'ambition a remué les limites de chaque État, et, chaque fois, au prix de combien de sang humain versé?

Le droit des gens dans la guerre, comme en tout le reste, s'est, il est vrai, beaucoup modifié et amélioré; mais la guerre n'a pas cessé de subsister; et n'est-ce pas pitié de voir aujourd'hui les peuples de la terre, et en particulier ceux de notre Europe, devenir chacun comme un camp retranché, où l'on s'ingénie à inventer et à préparer les plus puissants engins de destruction et de mort, et où vont annuellement s'engloutir la moitié des richesses nationales et les plus belles années de nos jeunes générations!

L'esprit chrétien, en pénétrant le cœur de nos nationalités, pourrait seul remédier à ces maux. La foi catholique, en effet, a le droit de dire et dit aux nations : « Vous êtes sœurs, » comme elle dit aux hommes : « Vous êtes frères. » Ah! si cet enseignement de fraternité divine était partout entendu et accepté, nous pourrions certes espérer cette paix universelle dont on a tant parlé, et qui ne sera jamais, sans la religion, qu'un rêve généreux.

Mais ce qu'il y a de plus lamentable, c'est qu'entre l'Église, dépositaire de ces précieux enseignements, et les gouvernements humains qui devraient les entendre, les passions viennent aussi s'interposer, jeter la désunion et susciter toutes sortes d'hostilités.

Cependant ces deux puissances que Dieu lui-même a fondées pour le gouvernement du genre humain, sont destinées, comme nous l'avons démontré ailleurs (¹), à vivre ensemble à côté l'une de l'autre et dans une mutuelle bienveillance ; et rien ne serait plus facile. « Chacune d'elles, nous dit excellemment le Souverain Pontife, est en son genre souveraine, chacune est renfermée dans des limites parfaitement déterminées et tracées en conformité de sa nature et de son but spécial. Il y a donc comme une sphère circonscrite, dans laquelle chacune exerce son action *jure proprio*. Toutefois leur autorité s'exerçant sur le même sujet, il peut arriver qu'une seule et même chose, bien qu'à un titre différent, mais pourtant une seule et même chose, ressortisse à la juridiction et au jugement de l'une et de l'autre puissance.

» Il est donc nécessaire qu'il y ait entre les deux puissances un système de rapport bien ordonné, non sans analogie avec celui qui, dans l'homme, constitue l'union de l'âme et du corps. On ne peut se faire une juste idée de la nature et de la force de

---

(¹) Notre Lettre aux Sénateurs et aux Députés sur l'abolition du Concordat.

ces rapports qu'en considérant, comme nous l'avons dit, la nature des deux puissances et en tenant compte de l'excellence et de la noblesse de leurs buts, puisque l'une a pour fin prochaine et spéciale de s'occuper des intérêts terrestres, et l'autre de procurer les biens célestes et éternels.

» Ainsi, tout ce qui dans les choses humaines est sacré à un titre quelconque, tout ce qui touche au salut des âmes et au culte de Dieu, soit par sa nature, soit par rapport à son but, tout cela est du ressort de l'autorité de l'Église. Quant aux autres choses qu'embrasse l'ordre civil et politique, il est juste qu'elles soient soumises à l'autorité civile, puisque Jésus-Christ a commandé de rendre à César ce qui est à César, et à Dieu ce qui est à Dieu.

» Des temps arrivent parfois où prévaut un autre mode d'assurer la concorde et de garantir la paix et la liberté; c'est quand les chefs d'État et les souverains pontifes se sont mis d'accord par un traité sur quelque point particulier. Dans de telles circonstances l'Église donne des preuves éclatantes de sa charité maternelle en poussant aussi loin que possible l'indulgence et la condescendance (¹). »

Ces moyens faciles d'entretenir la concorde et la paix si précieuses entre l'Église et l'État n'ont jamais

____

(¹) Encyclique *Immortale Dei*.

été assez compris et ne le sont pas encore. Malheureusement, sous tous les régimes politiques, l'Église n'a presque pas cessé d'être en butte à toutes sortes de préventions et d'hostilités.

Pendant les trois premiers siècles c'était la persécution ouverte et sanglante; et depuis, aux diverses époques, que d'oppositions plus ou moins ardentes, que d'attaques contre l'Église! Et même lorsque les puissances temporelles semblaient se montrer pour elle plus favorables, ne lui ont-elles pas presque toujours fait payer cher leurs faveurs? Nous n'avons pas à raconter ici cette histoire du passé, mais regardons seulement ce dont nous sommes témoins aujourd'hui. Depuis le lourd despotisme russe et les États plus ou moins représentatifs de l'Allemagne, de l'Angleterre, de l'Italie, de l'Espagne, jusqu'aux républiques française, suisse et autres,, si nous exceptons la libre Amérique du Nord, n'est-ce pas partout un esprit de prévention et de suspicion haineuse envers l'Église catholique? Quand ce n'est pas la guerre ouverte et déclarée, c'est la défiance, la menace, ce sont des précautions infinies et odieuses contre ce qu'on appelle les empiètements du clergé, qui pourtant respecte les lois de son pays, ne demande ni autorité politique, ni richesse, ni privilèges, et qui ne réclame que sa place au soleil, le droit de vivre et la liberté.

Aussi bien faut-il nous y résigner : la lutte n'est-elle pas, sur cette terre, une condition de la vie de l'Église, qui ne s'appelle pas pour rien l'Église militante? Elle a sans cesse à combattre contre toutes les passions; et les hommes livrés aux passions deviennent naturellement ses ennemis. Jésus-Christ l'avait prédit à ses apôtres : « Je vous envoie comme des brebis au milieu des loups (¹). » « Le disciple n'est point au-dessus du maître... S'ils ont appelé le père de famille Béelzebuth, combien plus ses serviteurs (²)? » Et encore : « Vous aurez de grandes tribulations dans le monde; mais ayez confiance, moi j'ai vaincu le monde (³). » La divine prophétie s'accomplira donc jusqu'à la consommation des siècles.

Pour les mêmes causes, la vie des États n'est pas plus que celle de l'Église à l'abri des adversités, quel qu'en soit le régime politique, monarchique ou républicain. C'est que les passions humaines ne se suppriment point : les ambitions, les cupidités, l'égoïsme, toutes ces plaies gouvernementales s'attachent aux flancs de tout État et ne se guérissent jamais complètement. C'est du reste l'épreuve nécessaire pour purifier les vertus civiques aussi bien que toutes les autres vertus chrétiennes. Le creuset de l'épreuve est, selon les temps et les circonstances, plus ou moins ardent et dévorant. Mais le chrétien y trouve toujours, à côté de la douleur, l'espérance

(¹) Math., X, 16. — (²) Math., X, 24, 25. — (³) Jean, XVI, 33 immortelle, pour lui rappeler que « nous n'avons pas ici de demeure permanente, mais que nous en cherchons une autre » (¹) : la patrie céleste, où « l'on n'entre qu'après avoir traversé des tribulations nombreuses » (²).

Donc, pour la société civile aussi bien que pour l'Église, jamais ici-bas de paix parfaite et durable. Lisez l'histoire du passé : pas un siècle, pas un quart de siècle sans angoisse et tribulation ! Et pour l'avenir, ne rêvons pas l'impossible ! Chaque génération trouvera son épreuve, et, comme chacun des mortels, pourra dire avec Job : « La vie de l'homme sur la terre est un combat, et ses jours, les jours d'un mercenaire. Comme l'esclave désire l'ombre, comme le mercenaire attend la fin de son labeur, ainsi j'ai eu des mois vides, et j'ai compté des nuits de douleur. Si je me couche, je dis : Quand me lèverai-je ? quand finira la nuit ? Et jusqu'au soir, je suis rempli d'amertume (³). » N'en doutons pas, quel que puisse être dans l'avenir le progrès démocratique et social, il ne supprimera ni le mal ni les passions humaines. Il y aura donc toujours des orages et des tempêtes, des révolutions quelquefois terribles, qui bouleverseront le sol et renverseront sur leur passage les institutions et les hommes. Vraiment, à certaines heures, on pourra croire tout perdu.

(¹) Hébr., XII, 14. — (²) Act., XIV, 21. — (³) Job., VII, 1, 4.

Cependant, nous chrétiens, ne soyons jamais trop effrayés! Souvenons-nous de la barque du lac de Tibériade. Un jour le Sauveur naviguait avec ses disciples, et « voilà qu'une grande tempête s'éleva sur la mer, de sorte que la barque était couverte par les flots, et il dormait; ses disciples s'approchèrent de lui et le réveillèrent en lui disant : Seigneur, sauvez-nous : nous périssons! Jésus répondit: Pourquoi craignez-vous, hommes de peu de foi? Alors, se levant, il commanda à la mer et il se fit un grand calme ([1]). »

La barque, c'est l'Église qui vogue toujours sur les flots agités au milieu des orages et des tempêtes qui se succèdent jusqu'à la fin des choses. De temps en temps, au fort de la tourmente, les passagers éperdus poussent le cri de détresse! « Hommes de peu de foi, pourquoi craignez-vous? » La barque immortelle ne peut pas sombrer et continue sa route : elle porte Jésus-Christ, et avec Jésus-Christ la civilisation et le salut du monde!

[1] Math., VIII, 24, 25.

TABLE ANALYTIQUE

I. — Origine de la Démocratie et son progrès dans le passé et dans l'avenir 6

II. — Les périls que court la Démocratie, et que la religion, l'Église, peut seule conjurer 13

III. — Le régime démocratique, moins que tout autre, ne peut se séparer de l'Église, où il trouve sa base la plus essentielle 26

IV. — L'Église, loin d'être opposée au progrès social, lui est, au contraire, très favorable 35

V. — Le progrès social, comme le progrès religieux, ne s'opère jamais qu'avec effort. L'épreuve est une condition de toute vie terrestre, pour que nous n'oubliions pas la vie future 43

Bordeaux. — DUVERDIER ET Cie, imprimeurs de l'Archevêché.

www.ingramcontent.com/pod-product-compliance
Lightning Source LLC
Chambersburg PA
CBHW061226030726
47595CB00004B/1403